Bibliografische Information der Deutschen Nationalbibliothek:

Die Deutsche Bibliothek verzeichnet diese Publikation in der Deutschen National-
bibliografie; detaillierte bibliografische Daten sind im Internet über http://dnb.d-
nb.de/ abrufbar.

Impressum:

Copyright © 2001 GRIN Verlag, Open Publishing GmbH
Druck und Bindung: Books on Demand GmbH, Norderstedt Germany
ISBN: 9783656209164

Dieses Buch bei GRIN:

http://www.grin.com/de/e-book/6830/die-vorbereitung-auf-die-schule-die-ersten-
wochen-in-der-schule

Romy Thiel

Die Vorbereitung auf die Schule - die ersten Wochen in der Schule

GRIN Verlag

GRIN - Your knowledge has value

Der GRIN Verlag publiziert seit 1998 wissenschaftliche Arbeiten von Studenten, Hochschullehrern und anderen Akademikern als eBook und gedrucktes Buch. Die Verlagswebsite www.grin.com ist die ideale Plattform zur Veröffentlichung von Hausarbeiten, Abschlussarbeiten, wissenschaftlichen Aufsätzen, Dissertationen und Fachbüchern.

Besuchen Sie uns im Internet:

http://www.grin.com/

http://www.facebook.com/grincom

http://www.twitter.com/grin_com

Universität Potsdam
Institut für Grundschulpädagogik
Seminar: Leben und Lernen im Anfangsunterricht

Die Vorbereitung auf die Schule – die ersten Wochen in der Schule

0.) Inhaltsverzeichnis

Die Vorbereitung auf die Schule - die ersten Wochen in der Schule

1.)   Einleitung

Mit dem Eintritt in die Grundschule beginnt für alle Kinder ein neuer und aufregender Lebensabschnitt. Nun gehört man endlich zu den „Großen" und kann Lesen, Schreiben und Rechnen lernen! Dieses Ereignis ist von so zentraler Bedeutung, dass sich sogar noch manche Erwachsene an ihre Einschulungsfeier oder ihre ersten Schulwochen erinnern können. Auch mir sind einige bruchstückhafte Erinnerungen an die erste Schulzeit geblieben, die fast alle mit angenehmen Eindrücken verbunden sind.

Aus meiner heutigen Sicht als Lehramtsstudentin mit dem Schwerpunkt Primarstufe stellt sich mir bei dem Gedanken an den Eintritt in das Schulleben stets die Frage, wie ich als zukünftige Lehrerin die ersten Wochen meiner Schüler gestalten sollte.

Aus diesem Grund habe ich mich entschieden, die Hausarbeit im Hinblick auf diese Fragen zu erarbeiten.

Ich verfolge hiermit also ganz eigene Interessen und versuche anhand von unterschiedlicher Literatur Antworten bzw. Hinweise auf meine Fragen zu finden. Zwei Aspekte rücke ich dabei in den Vordergrund:

1.   Wie kann man Kinder vorbereiten, so dass sie dem Schulbeginn mit Vorfreude und gesunder Neugier entgegenblicken, statt den neuen Lebensabschnitt mit Ängsten und Sorgen zu erwarten?
2.   Was muss man bei der Planung und Gestaltung der ersten Schulwochen beachten, damit die Kinder sich im neuen Lebensraum Schule heimisch fühlen und eine positive Einstellung zur Schule erlangen bzw. beibehalten?

Beide Aspekte stehen meiner Meinung nach in direktem Bezug zueinander, da für ein gutes Gelingen des Anfangsunterrichts eine entsprechende vorschulische Vorbereitung stattfinden sollte.

Die Gliederung dieser Erarbeitung basiert daher auch auf diesen beiden Phasen:
Anfänglich wird dargestellt, in welcher Form Eltern, Erzieher und Lehrer den Eintritt ins Schulleben erleichtern können. Im Anschluss daran werden Anregungen zur Planung der Einschulungsfeier gegeben und schließlich wird die Gestaltung der ersten Schulwochen Thematisiert, wobei keine fachspezifischen Inhalte erläutert werden sollen, sondern vielmehr, „was Kinder lernen müssen, obwohl es auf keinem Stundenplan steht"

Ein Hinweis möchte ich noch anbringen. Aus Gründen der Einfachheit verwende ich in meinen Ausführungen die maskuline Form.

2.) Vorbereitung der Kinder auf die Schulzeit

Je näher die Einschulung rückt, desto mehr wird den Kindern von ihrer Familie und den Bekannten über die nahende Schulzeit erzählt. Auch im Kindergarten oder der Vorschulklasse wird das Thema Schule bestimmt im Vordergrund stehen, denn in diesen Institutionen treffen eine Vielzahl von zukünftigen ABC-Schützen aufeinander.

Die Kinder erfahren also. Dass etwas Neues und Unbekanntes beginnen wird. Solch eine Situation haben sie zwar schon einmal gemeistert, als sie in den Kindergarten eingetreten sind, wobei nicht alle Kinder einen Kindergarten besuchen, doch diese Erfahrung wird ihre Aufregung bezüglich der Schulzeit wohl kaum mindern.

Ob die Kinder mit Freude, Neugier, Angst oder mit gänzlich gemischten Gefühlen diesem neuen Lebensabschnitt entgegenblicken, hängt sowohl von ihrer eigenen Persönlichkeit als auch von den positiven oder negativen Inhalten des bisher Gehörten zum Thema Schule ab. Um den Kindern den Übergang vom Kindergarten bzw. von zu Hause in die Grundschule zu erleichtern und ihre Neugier und Vorfreude zu fördern, sollten die zukünftigen Erstklässler von ihren Eltern, Erziehern und Lehrern entsprechend vorbereitet werden.

2.1. Vorbereitung durch die Eltern

Die Eltern spielen eine maßgebliche Rolle bei der Erleichterung des Übergangs in die Grundschule. Ihre Einstellungen und Meinungen die Schule betreffend werden von den Kindern oft übernommen. Aussagen seitens der Familie , wie z.B. „in der Schule musst du immer fleißig sein und nur reden wenn der Lehrer dich anspricht" oder „in der Schule beginnt der Ernst des Lebens" oder „sitz immer still und hör gut zu, damit du nichts verpasst" hinterlassen Spuren und eindrücke, von denen sich das Kind nicht leicht befreien kann. Auch die ständige Nachfrage, ob sich das Kind auf den Schulanfang freue, kann Unbehagen bewirken, denn die Frage assoziiert, dass es auch Gründe gibt, sich nicht zu freuen (vgl. Meyer, 1994 S.12).

Die Eltern sollten also solche Bemerkungen vermeiden und statt dessen die Fragen des Kindes sachlich beantworten sowie einige ihrer positiven Erinnerungen an die eigene Schulzeit schildern.

Besonders wichtig ist ein ruhiges, gelassenes Verhalten der Eltern, das sich auf die Kinder übertragen kann und Schulängste ebenso verringert wie Liebe und spürbares Vertrauen in die Kinder (vgl. Meyer, 1994 S.20)

2.2. Vorbereitung durch den Kindergarten

Erzieher sollten – ebenso wie Eltern – mit Gelassenheit und Verständnis auf die Fragen der Kinder eingehen und durch positive Schilderungen die Freude auf den Schulbeginn stärken. Im kindergarten besteht außerdem die Möglichkeit die Kinder als Gruppe auf den neuen Lebensabschnitt vorzubereiten. Dies kann sich vorteilhaft auf die zukünftigen Erstklässler auswirken, da sie merken, dass ihre Gefühle und Erwartungen bezüglich der Schule von anderen Kindern geteilt werden.

Die Erzieher können in ihren Kindergartengruppen zum Beispiel erzählende Bilderbücher, Sachbilderbücher, Fotos, Dias und Videos einsetzen, die das Schulleben thematisieren und in dazugehörigen Gesprächen die dargestellten Inhalte näher erläutern (vgl. Krenzer, 1995, S. 12-16). Werden diese Medien eingesetzt, sollte unbedingt darauf geachtet werden, dass ihre Inhalte realitätsnah und kindgerecht gestaltet sind. Unsachgemäße Materialien könnten eine falsche Vorstellung vom Schulleben hervorrufen und sich somit beim Eintritt in die Grundschule nachteilig auf die Kinder auswirken.

2.3. Vorbereitung durch den Lehrer

Der zukünftige Klassenlehrer wird eine wichtige Bezugsperson für die Kinder sein und steht hiermit im besonderen Interesse der baldigen Erstklässler.

Die Neugier der Kinder auf die Lehrkraft – und bestimmt ist ja auch der Lehrer auf seine Kinder neugierig – sollte schon vor Schulbeginn befriedigt werden. So könnte der Lehrer z.B. Hausbesuche bei den zukünftigen Schülern tätigen und somit ein gegenseitiges Kennenlernen im Beisein der Eltern herbeiführen. Die Eltern sollten allerdings zuvor über den Besuch informiert werden und ihr Einverständnis dazu geben.

Eine weitere Möglichkeit des Kennenlernens ist der Besuch des Kindergartens und ein dortiger Spiel- und Bastelnachmittag gemeinsam mit zukünftigen Schülern und Lehrkraft – vorausgesetzt dem entsprechenden Kindergarten gehören mehrere Schüler an - . Sind persönliche Treffen zwischen Schüler und Lehrer nicht arrangierbar, könnte der Lehrer an seine Schüler Briefe verschicken, die dem Kind von den Eltern vorgelesen werden. In diesen

Briefen kann die Lehrkraft etwas von sich erzählen und auch Fragen über das Kind stellen, die dann gemeinsam von Eltern und Kind beantwortet werden (vgl. Susteck, 1987, S.55-59) Die Kinder lernen durch diesen frühzeitigen Kontakt zum Lehrer bereits einen wichtigen Bestandteil des Schullebens kennen und der Schuleintritt wird ihnen mit einer weiteren vertrauten Person sicherlich leichter fallen.

2.4. Koorperation von Elternhaus, Kindergarten und Grundschule

Die Koorperation von Eltern , Erziehern und Lehrer ist zur Vorbereitung des Übergangs in die Grundschule unerlässlich. Zwischen ihnen sollte ein ständiger Informationsaustausch z.b. über das Verhalten des Kindes oder Erziehungsziele stattfinden. Im folgenden nenne ich einige Maßnahmen, die den Kindern den Übergang in die Grundschule erleichtern können und die Unterstützung von Eltern, Erziehern und Lehrern erfordern:

- eine Kindergartengruppe unternimmt in Begleitung der Eltern einen Ausflug in die Schule, wo sie von einem Lehrer herumgeführt werden
- im Kindergarten werden typische Schulmaterialien wie zum Beispiel Hefte und Federmappen spielerisch verwendet, die von der Schule bereitgestellt werden
- ein Rollenspiel zum Thema Schule wird entwickelt
- Eltern, Lehrer und Erzieher berichten von ihrem eigenen Schuleintritt
- Die Kinder lernen ihre zukünftigen Klassenkameraden kennen
- Älteren Schüler können eingeladen werden in den Kindergarten, um über ihren Schulalltag zu sprechen.

Meiner Meinung nach lassen diese Aktivitäten den Schulanfang weniger „fremd" erscheinen und nehmen motivierenden Einfluss auf die Kinder. Eine gute Zusammenarbeit von Elternhaus, Kindergarten und Grundschule bewirkt bestimmt ein gutes Gelingen des Übergangs. Insbesondere die Koorperation von Eltern und Lehrern sollte auch nach dem Schuleintritt weitergeführt werden.

3.)   Die ersten Wochen in der Schule

3.1. Die Einschulung

Der Einschulungstag stellt ein ganz besonderes Erlebnis im Leben der Kinder und auch im Leben ihrer Eltern dar.

Für die Kinder kann der erste Schultag einerseits ein Fest wie der Geburtstag sein, an dem das Kind im Mittelpunkt steht, andererseits kann dieser Tag mit Angstgefühlen, Unsicherheiten und Spannungen verbunden sein (vgl. Bairlein/Butters, 1998, S.24). Die Einschulung sollte durch eine kindgerechte Feier gestaltet werden und die Erwartungen der Kinder bezüglich des Schullebens erfüllen. Um den Kindern von Beginn an eine schulbejahende Einstellung zu vermitteln, sollte die Gestaltung des ersten Schultages seitens der Schule eine gut durchdachte Vorbereitung erhalten. Die Planung der Feier hängt stark vom Engagement der Lehrer ab und ebenso von der Größe der Schule. Gerade wenn mehrere Klassen eingeschult werden, ist es ratsam eine Aufteilung und Dezentralisierung vorzunehmen (vgl. Hacker, 1998 S.115). Damit die neuen Schüler von Anfang an in die Schulgemeinschaft integriert werden, sollte die Einschulungsfeier von älteren Schülern der Schule mitgestaltet werden. Diese können vor den Sommerferien lustige Theaterstücke, Sketche oder Lieder einstudieren und während der Begrüßungsfeier vortragen. Die Vorstellungen sollten sich inhaltlich mit dem Thema Schule befassen und möglichst die Freude am Schulleben ausdrücken.

Weiterhin könnten von den älteren Schülern auch humorvolle Gedichte zum Schulanfang vorgetragen werden. Sigrid Bairlein und Christel Butters (1998, S. 27) schlagen vor, in den letzten Schulwochen einen Dichterwettbewerb mit dem Thema „Wir dichten für die Schulaufnahmefeier" zu veranstalten; der Preis für die Sieger ist der persönliche Vortrag des Gedichtes auf der Einschulungsfeier.

Besonders wichtig in Bezug auf alle Beiträge, die für die Begrüßungszeremonie geplant sind, ist der zeitliche Rahmen. Langatmige Vorträge sowie ernste Ansprachen des Rektors sollten unbedingt vermieden werden, da die neuen Schüler in ihrer Aufnahmebereitschaft überfordert werden könnten.

Nach der allgemeinen Begrüßung werden die Neulinge ihrer Klasse bzw. ihrem Lehrer zugeteilt und gehen in Begleitung der Eltern in den jeweiligen Klassenraum. Die Eltern sollten sich hier nur kurzweilig aufhalten und ihre Kinder dann der Obhut des Lehrers überlassen. Die folgende erste Stunde sollte nicht länger als eine Stunde dauern.

3.2. Die erste Schulstunde

Der Moment, in dem die Kinder das erste Mal allein mit ihrem Lehrer sind, ist ein wichtiger Augenblick, denn „schon vom ersten Schultag an werden die Weichen für eine gelungene und angstfreie Schüler – Lehrer – Beziehung gestellt, was auch für das spätere Lernen ein sehr wesentlicher Punkt ist" (Bairlein/Butters, 1998 , S. 31)

Wie der Lehrer diesen ersten Unterricht gestaltet, bleibt letztlich ihm selbst überlassen. Allerdings sollte unbedingt berücksichtigt werden, dass die hohen Erwartungen der Kinder Beachtung finden.

Für die erste Unterrichtsstunde eigenen sich z.b. Kennenlernspiele, die das Gruppengefühl stärken. Im folgenden möchte ich einmal ein Spiel etwas genauer vorstellen.

Das Spiel nennt sich „Bewegende Namen". Alle Kinder stehen im Kreis. Einer sagt seinen Namen und macht eine Bewegung dazu (in die Knie gehen, hüpfen, Kopf kraulen etc.). Alle wiederholen dann den Namen und die dazugehörigen Bewegungen.

Dieses Spiel greift die Taktik der Bewegung auf, denn wenn die Kinder eine Bewegung machen müssen, wird ihnen nicht so sehr bewusst, dass sie nun vor der ganzen Gruppe sprechen müssen. Mit der Wiederholung durch alle anderen wird jeder Einzelne freundlich begrüßt. Im Zusammenhang mit der Bewegung kann man sich die Person, die zu dem Namen gehört besser einprägen. Wichtig ist bei diesem Spiel, dass die Lehrerin selbst den Anfang mit einer möglichst witzigen und ausgefallenen Bewegung macht, denn nur wenn sie selbst richtig mitspielt, werden ihr es die Schüler nachmachen. Umso mutiger die Bewegungen sind, desto lustiger wird das Spiel. Am Ende kann man zur Vertiefung noch mal nacheinander alle Namen und Bewegungen durchgehen.

Vorteile:

- Die Namen prägen sich durch die Bewegung besser ein
- Kein Schüler muss sich blamieren, da jeder selbst entscheiden kann, ob er lieber eine gewagte oder eine zurückhaltende Bewegung machen möchte
- Es gibt keine Verlierer
- Die Lehrerin bekommt ein Überblick über die Namen und die Verhaltensweisen der Kinder
- Keiner kann vergessen werden, jeder bekommt die gleiche Aufmerksamkeit
- Die Lehrerin bekommt ein Überblick , wer zusammen gehört und wer nicht, denn Freunde werden sich im Kreis wahrscheinlich nebeneinander stellen

Nachteile:

- vielleicht trauen sich die Kinder nicht ausgefallene Bewegungen zu machen
- vielleicht sind die Kinder so albern beim spiel, dass die Namen nicht zu verstehen sind

9

- wenn man am Ende noch mal alle Namen durchgeht, werden viele Kinder nicht mitsprechen, da sie das meiste wieder vergessen haben

Weiterhin könnte die Lehrerin mit den Kindern Namensschilder herstellen und Gestalten, wodurch die Bedeutung des Schreibens sichtbar werden kann. Die Schüler könnten auch ihre Schultüten auspacken und als Hausaufgabe den Auftrag erhalten, ihre eigene Schultüte oder deren Inhalt zu zeichnen.

Meiner Meinung nach ist das Stellen einer Hausaufgabe am ersten Schultag besonders geeignet, um die Erwartungshaltungen der Schüler zu erfüllen.

3.3. Gestaltungsprinzipien der ersten Schulwochen

Richtet man sich nach den Erwartungen der neuen Schüler und ihren Eltern, so wird im Anfangsunterricht Lesen, Schreiben und Rechnen gelernt. Doch das wesentliche Ziel des Anfangsunterrichts ist ein anderes: „Die zentrale Aufgabe der ersten Schulwochen ist es, den Kindern die Umstellung auf das Schulkindsein zu erleichtern und ihnen alle nur möglichen Hilfen für die Einordnung in die neue Sozialsituation zu geben." (Lichtenstein – Rother, 1969, S. 40).

Die neuen Schüler sollen demnach für das Schulleben und Unterrichtsgeschehen befähigt werden. Mit welchen Prinzipien diese Aufgabe verwirklicht werden kann, wird im folgenden erläutert. Auf die Darstellung konkreter Durchführungsbeispiele wird allerdings verzichtet, da solche den Rahmen dieser Arbeit sprengen würde.

3.3.1 Orientierung im Raum

Durch den Eintritt in das Schuleben erfahren die Kinder das Schulgebäude mit all seinen räumlichen Begebenheiten als Teil ihrer neuen Lebenswelt. Zum alltäglichen Leben gehören nun u.a. Pausenhof, Sporthalle und insbesondere das Klassenzimmer. Für die Kinder ist es wichtig, diese neuen Räumlichkeiten zu erkunden und zu erfahren, sich darin zu orientieren und damit vertraut zu machen, denn sie sollen sich darin heimisch und wohl fühlen. „Das Klassenzimmer muss allmählich in Besitz genommen werden, und dies geschieht nicht von selbst. Behutsame Eingewöhnung an die Raumeinteilung , die Sitzordnung, die Nachbarschaft zu anderen Kindern, die räumliche Distanz oder Nähe zum Kameraden aus dem Kindergarten muss empfunden, vielleicht auch schmerzlich aktzeptiert werden können." (Herbert, in: Meiers, 1981, S. 152).

Die wohl wirkungsvollste Methode das Klassenzimmer in all seinen Begebenheiten zu erfahren, ist die Beteiligung der Schüler an der Gestaltung des Raumes. Auf diese Weise lernen die Schüler Einrichtungsgegenstände und Materialien kennen und können sich langsam mit Ihrem Raum identifizieren (vgl. Hacker, 1998, S.132).

Die Orientierung in anderen Räumlichkeiten der Schule ist schwer durch die Mitgestaltung der Schüler zu erreichen, daher sollten gemeinsame Rundgänge unternommen und Gespräche über den Nutzen der Räume geführt werden.

3.3.2 Zeiterfahrung

Mit dem Begriff Zeiterfahrung ist hier nicht die Zeit im sinne eines Unterrichtsthema zu verstehen, sondern die bewusste Wahrnehmung von Zeit während einer Spiel-, Arbeits- oder Gesprächsphase oder der Pause.

Die Schüler sollen ein Gespür für Zeitabschnitte entwickeln und den schulischen Tagesablauf nicht nur durch Klingelzeichen bzw. durch eine Uhr wahrnehmen. Stattdessen sollte sich eine innere Uhr ausbilden und zum „Instrument eingesteuerter Lerntätigkeit werden" (vgl. Herbert, in Meiers, 1981, S 154).

Damit die Schüler mit der zeitlichen Struktur Vormittags vertraut werden, müssen sie lernen, mit der Zeit umzugehen. Aus diesem Grund ist es nötig, stabile zeitliche Elemente in den Unterricht einzubauen, denn so können die Schüler sich an einem gewissen Zeitrhythmus orientieren (vgl. Hacker, 1998, S. 122-124).

Der Umgang mit Zeit bedeutet im weiteren, dass die Schüler sich mit Vergangenem und Zukünftigem auseinandersetzen können.

3.3.3 Soziale Integration

Im Schulalltag werden von den Kindern sehr viele soziale Erfahrungen gemacht. Die neuen Schüler begegnen ihren Klassenkameraden, älteren Schülern, Lehrern , dem Rektor und auch dem Hausmeister. All diese Personen bilden die Schulgemeinschaft.

In den ersten Wochen ist allerdings die Klassengemeinschaft von größerer Bedeutung. Die Erstklässler müssen sich „beschnuppern" und kennenlernen, denn durch den Umgang miteinander gewinnen sie an Sicherheit und Vertrautheit, was eine natürliche Atmosphäre schafft. Zur Förderung dieser sind feste Einrichtungen notwendig, wie zum Beispiel ein Gesprächskreis, indem die Kinder auf selbstverständliche Weise lernen, andere Mitschüler anzuhören und dessen Gefühle zu erleben und zu achten. Außerdem könnten in diesem Kreis erste verbindliche Regeln aufgestellt werden, auf denen ein verträgliches Zusammenleben basiert.

Wichtig ist, dass alle Kinder in das Zusammenleben der Klasse integriert werden und sich tatsächlich als Schüler ihrer Klasse fühlen.

Werden nach einiger Zeit auch soziale Kontakte zu Personen außerhalb der Klasse geknüpft, beispielsweise auf dem Pausenhof, werden die Erstklässler sich schon bald als Schüler der Schule begreifen (vgl. Herbert, in: Meiers, 1981, S. 156).

3.3.4 Kontinuität der Lernprozesse – Spielendes Lernen

Jedes Kind besitzt seit seiner Geburt einen instinktiven Drang zum Lernen, durch den es schnell verschiedene Fähigkeiten und Fertigkeiten erlangt. Dieses Lernen geschieht auf ganz natürliche Weise und ist von einem spielerischen Charakter geprägt.

Kurt Meiers beschreibt das spielende Lernen folgendermaßen :"Es ist spontanes, selbstbestimmtes, intrinsisch motiviertes, kreatives, zielgerichtetes, von breitem Interesse geprägtes, auf unmittelbares Erkunden und konkretes Erfahren gerichtetes Handeln. Die Prinzipien dieses natürlichen Lernens behalten auch in der sich anschließenden institutionellen Erziehung weiter Gültigkeit; denn die Kindergarten- und Schulkinder sind bestrebt, ihr in den Jahren zuvor aufgebautes Lernverhalten aktiv zu erproben und in ihren Fähigkeiten kontinuierlich Fortschritte zu erzielen." (In: Faust-Siehl/Portmann, 1992, S.50) Spielendes Lernen sollte demnach unbedingt in der Grundschule fortgesetzt werden. Gerade in den ersten Schulwochen sollte diese Lernform häufig angewendet werden, da die Schüler mit etwas Vertrautem in der noch fremden Umgebung agieren können.

Desweiteren können sie ihre bisher angewendeten Lernstrategien beibehalten und auf ihre eigene Art und Weise Lerninhalte erfassen. Allerdings sollte darauf geachtet werden, dass die spiele nicht nur aufgrund des Spaßfaktors getätigt werden, sondern stets eine Bedeutung für den Unterricht und das Schulgeschehen haben.

Zu den geeigneten Spielen für den Unterricht gehören Regelspiele, Lernspiele, die als Mittel der Wiederholung und Übung dienen, und Rollenspiele, die zur Veranschaulichung eines Sachverhaltes bis hin zur Selbstdarstellung der Akteure benutzt werden können (vgl. Apel, in: Becher/Bennack, 1993, S.159).

4.)   Abschlussbemerkung

Beim Verfassen dieser Hausarbeit ist mir klargeworden, dass jeder Lehrer seinen ganz
eigenen Weg finden muss, um die ersten Schulwochen zu gestalten.

Sowohl bei der Vorbereitung des Übergangs als auch bei der Planung des Anfangsunterrichts
müssen viele verschiedene Faktoren berücksichtigt werden. Hierzu gehören u.a. die
Persönlichkeit der Kinder, die Größe der Klasse und der Schule, das Engagement der
Lehrkraft und der Erzieher, die Hilfsbereitschaft anderer Schüler, die Koorperation mit den
Eltern und die Zusammenarbeit mit vorschulischen Institutionen.

Die Schuleintrittsphase sollte sehr gewissenhaft vorbereitet werden.

In meinen Ausführungen zu des Gestaltungsprinzipien habe ich die für mich bedeutendsten
Merkmale des Anfangsunterrichts dargestellt und mir dadurch bewusst gemacht, wie viele
Aspekte einer guten Planung Berücksichtigung finden müssen.

Angemerkt sei ihr allerdings, dass es noch weitere Gestaltungsmerkmale für die ersten
Schulwochen gibt, wie zum Beispiel die Orientierung am Lernangebot oder die Erfahrung der
Symbolwelt.

Beenden werde ich diese Arbeit mit einem Zitat von Achill Wenzel (in: Becher/Bennack,
1993, S. 181), welches, meiner Meinung nach, die Grundsätze eines gelungenen Schulanfang
zum Ausdruck bringt: „Es kommt allerdings entscheidend darauf an, *wie* das Kind Schule
erfährt, *wie* es in das bewusste Lernen eingeführt wird, *wie* der organisatorische und
räumliche Rahmen des Lernens beschaffen ist und vor allem, *wie* das Miteinander gestaltet
wird.‟

13

5.) Literaturverzeichnis

Bairlein, Sigrid ; Butters, Christel: Schulanfang – Hilfen für Lehrer. Dnauwörth: Auer Verlag GmbH, 1982, 2.Auflage.

Becher, Hans Rudolf; Bennack, Jürgen (Hrsg.): Taschenbuch Grundschule. Baltmannsweiler: Schneider Verlag Hohengehren GmbH, 1993.

Hacker, Hartmut: Vom Kindergarten zur Grundschule. Bad Heilbrunn: Verlag Julius Klinkhardt, 1998, 2.Auflage.

Herbert, Michael: Pädagogische Aufgaben des Anfangsunterrichts. Ein Überblick. In: Meiers, Kurt(Hrsg.): Schulanfang – Anfangsunterricht. Bad Heilbrunn: Verlag Julius Klinkhardt, 1981.

Krenzer, Rolf: Schulanfang. Lahr: Verlag Ernst Kaufmann, 1995.

Lichtenstein – Rother, Ilse: Schulanfang. Frankfurt a. M.: Verlag Moritz Diesterweg, 1969, 7.Auflage.

Meiers, Kurt: Gestaltungsprinzipien des Anfangsunterrichts. In: Faust – Siehl, Gabriele; Portmann, Rosemarie (Hrsg.): Die ersten Wochen in der Schule. Frankfurt a. M.: Arbeitskreis Grundschule – der Grundschulverband e.V., 1992.

Meyer, Gertrud: Abenteuer Schulanfang, Freiburg i.Br.: Verlag Herder, 1994.

Susteck, Herbert: Kindgerechter Schulanfang. Frankfurt a.M.: Scriptor Verlag GmbH.